30 RETOS PARA ADOLESCENTES Y JÓVENES CRISTIANOS

DEVOCIONAL CON ACTIVIDADES

LARIZA P. MIRABAL

ISBN: 9798851216282

DEDICATORIA

A todos los adolescentes y jóvenes cristianos que se encuentran en el campo de batalla de este mundo.

CONTENIDO

LAS 5 REGLAS DEL DESAFÍO

1 Cada paso de este desafío es personal e intransferible. Es decir: no puedes pedirle a nadie que lo realice por ti.

❖

2 Puedes llevar a cabo este desafío de 30 pasos tú solo, pero será más divertido si lo haces acompañado de un grupo de amigos, especialmente porque podrás apoyarte en ellos para realizar algunas actividades.

❖

3 Lo ideal es que cada actividad se lleve a cabo el mismo día en que la leas en el desafío, a no ser que sea totalmente imposible. En ese caso, lo recomendable es fijar entre todos (si lo haces en grupo) un día en el que acuerden realizarla.

❖

4 ¡No esperes que el desafío sea fácil! Ármate de valor antes de empezar y comprométe a terminarlo.

❖

5 Cuando termines, comparte este desafío con alguien y apóyalo en el proceso de completar los pasos.

ESCRIBE TU NOMBRE SI ACEPTAS EL DESAFÍO

_____

~ 1 ~

ABRE LA PUERTA

"He aquí, yo estoy a la puerta y llamo; si alguno oye mi voz y abre la puerta, entraré a él, y cenaré con él, y él conmigo."

Apocalipsis 3:20

En nuestra vida muchas veces ocurren cosas que no deseamos. Eventos que no provocamos ni pedimos y que tienen el potencial de herirnos profundamente. Hay personas y circunstancias que no tocan a nuestra puerta sino que la derriban de una patada y entran a nuestra realidad sin permiso. Si piensas un poco, recordarás algún momento que trajo dolor, vergüenza o culpa a tu corazón, y que quisieras borrar para siempre de tu memoria.

Después de haber sufrido experiencias sobre las que no tenías control, es un alivio saber que puedes decidir sobre algo tan importante como el destino de tu alma. Dios, el ser más poderoso del universo, te permite escoger. Él reconoce que tu corazón tiene una puerta y esa puerta debe ser respetada. Jesús es un caballero paciente y amable. Su mayor deseo es estar contigo, ofrecerte el regalo más excelente que alguien pudiera darte: su propia vida, su vida sacrificada en la cruz por amor, su vida que sufrió el castigo que tú merecías. Él se ofreció por ti, sufrió en tu lugar, pagó por tus pecados para que puedas vivir una vida plena llena de alegría y libertad.

Jesús viene cargando el regalo de salvación y nueva vida hasta tu puerta. Si escuchas con atención oirás sus suaves toques en tu conciencia. ¿Ya le has abierto? Si aún no lo has hecho, pon atención en que Él no tocó tu puerta y se fue. Él continúa allí y permanecerá allí, esperando pacientemente tu respuesta. Mientras vivas en esta tierra, tienes la oportunidad de abrirle la puerta y permitirle entrar.

Jesús entregó su vida para darte una nueva oportunidad. No merece que lo ignores, no merece que lo dejes fuera de la puerta. Si le abres él cenará contigo, es decir: compartirá contigo como un amigo, como un padre, como tu salvador y señor. La cena significa amistad, compañerismo y participación en su reino.

RETO

Invita a Jesús a entrar a tu vida a través de una corta oración. Si ya lo has hecho no importa, toma esta oportunidad para reafirmar tu entrega a Él. Puedes realizar tu propia oración o puedes repetir la que aparece a continuación:

"Señor Jesús, sé que estás tocando a la puerta de mi corazón. Reconozco que moriste en la cruz para salvarme, para sufrir y pagar el castigo que yo merecía. Me arrepiento de mis pecados y te pido que tomes el control de mi vida. Yo te abro la puerta para que pases y cenes conmigo. Te recibo dentro de mí, y te confieso como mi Señor y Salvador. Ayúdame a seguirte y a vivir una nueva vida guiada por ti.

Amén."

NOTAS

_____

_____

_____

_____

_____

_____

_____

_____

_____

_____

_____

_____

_____

_____

_____

_____

_____

_____

esfuérzate
y sé valiente

Todo lo puedo en Cristo

~2~

MEMORIZA LA PALABRA

"Mas el Consolador, el Espíritu Santo, al cual el Padre enviará en mi nombre, él os enseñará todas las cosas, y os recordará todas las cosas que os he dicho."

Juan 14:26

Antes de ascender al cielo, Jesús prometió a sus discípulos que enviaría al Espíritu Santo para que estuviera con ellos para siempre. El Espíritu Santo, a quien Jesús también llamó el Consolador, tiene una misión clara en la tierra: preparar a los cristianos para que cumplan su propósito. Para lograr esto, Él debe trabajar con nuestra mente, específicamente con nuestra memoria, ya que no solo nos enseña sino que nos recuerda todas las cosas que Jesús ha dicho.

Nuestra memoria es el almacén donde guardamos nuestros conocimientos y experiencias. Es el proceso que nos permite realizar el aprendizaje en todas las áreas de nuestra vida. Sin memoria no podríamos desarrollarnos como individuos, pues nunca asimilaríamos ninguna enseñanza, nunca adquiriríamos nuevas habilidades, ni siquiera tendríamos conciencia de nosotros mismos.

Pero para recordar es necesario haber aprendido algo antes. Muchas veces, cuando estamos atravesando una situación difícil o cuando pedimos dirección a Dios en oración porque estamos confundidos o no sabemos qué hacer, el Espíritu Santo trae alguna Palabra de las Escrituras a nuestra mente. Estos textos que iluminan nuestro entendimiento de repente, están siendo recordados por el Espíritu Santo. En ese momento, aunque los hayamos leído miles de veces, vienen cargados de una bendición especial para nuestra vida. Podemos decir que entonces verdaderamente la Palabra de Dios está siendo escrita en nuestros corazones.

Pero para que el Espíritu Santo te recuerde la Palabra, necesitas aprenderla primero. Necesitas memorizarla. Una buena costumbre que te ayudará a caminar en la voluntad de Dios y evitar la confusión y el error, es aprender de memoria versículos bíblicos. No te asustes si al principio te resulta difícil. Puedes comenzar con uno solo, repetirlo hasta aprenderlo, y cuando lo hayas memorizado, pasar al siguiente. Aprende textos bíblicos que son importantes para tu caminar cristiano porque, de esa forma, estarás brindándole al Espíritu Santo el material necesario para trabajar en ti. Él te lo recordará cuando más lo necesites.

RETO

Elige un versículo bíblico que nunca te hayas aprendido y escríbelo en dos papeles. Uno de ellos, escrito en letras grandes, pégalo en la pared de tu cuarto, en un lugar visible donde puedas leerlo. El otro guárdalo en tu bolsillo y llévalo contigo un día entero. Repite el versículo hasta que lo memorices y si estás haciendo este reto en un grupo, en la próxima sesión de este desafío recítalo en voz alta ante tus compañeros.

Si no tienes ningún texto en mente, puedes escoger alguno de los que aparecen en las siguientes citas:

Romanos 10:13	Romanos 8:39	Lucas 6:37
1 Juan 4:19	1 Juan 5:4	Juan 13:35
Mateo 21:22	Gálatas 2:20	Romanos 5:8
Romanos 12:2	1 Juan 2:6	1 Juan 1:9
2 Corintios 5:17	1 Timoteo 2:5	Efesios 6:11

NOTAS

esfuérzate
y sé valiente

Todo lo puedo en Cristo

~3~

SIRVE A TU HERMANO

"Mas entre vosotros no será así, sino que el que quiera hacerse grande entre vosotros será vuestro servidor."

Mateo 20:26

En la última cena que Jesús tuvo con sus discípulos, la noche antes de morir en la cruz, mandó a traer un recipiente con agua y una toalla. Esto no sorprendió a los apóstoles, pues era común que los siervos de la casa lavaran los pies de sus invitados como una demostración de honra y hospitalidad. Lo que sí les sorprendió fue que el Maestro, el Mesías, el Hijo de Dios, se ciñera la toalla y lavara los pies de aquellos que eran considerados menores que Él. Jesús tomó el lugar de un siervo y les dijo que lo que Él había hecho, debían hacerlo los unos a los otros.

Anteriormente dos de sus discípulos, Juan y Jacobo junto a la madre de ellos, habían venido a pedir a Jesús posiciones de grandeza y autoridad. Creyeron que en el Reino de Dios las cosas funcionaban como en el sistema de este mundo. Sin embargo, Jesús les corrigió su forma de pensar diciéndoles que si alguno de ellos quería ser grande, el camino era servir.

Vivimos en un mundo donde los grandes, los que tienen reputación, fama y dinero, están acostumbrados a ser servidos por los demás. Es como si servir fuera un acto que solo correspondiera a los de baja condición, a los menos aventajados, a los pobres de la sociedad. Sin embargo, Jesús nos enseñó un nuevo principio. Él dijo que así funcionaba en este mundo, pero que en el Reino de Dios no sería así, sino que el servidor de los otros, sería el mayor.

El que sirve más es el que ama más, y el amor es lo que llamará más la atención en tu currículo como hijo de Dios. Es lo que llamará más la atención del Padre, lo que atraerá hacia ti más grandeza y aprobación. Jesús declaró que Él no había venido a ser servido sino a servir. Explicó a sus apóstoles en la última cena que servir no disminuía su identidad. Ellos le llamaban Señor y Maestro, y tenían razón, pero esto no impedía que Él lavara sus pies. No creas que por servir a los demás eres menos, porque no es verdad.

Piensa en alguien a quien ames mucho, y pregúntate qué serías capaz de hacer para que esa persona se sienta bien. Cuando amas a alguien sinceramente, estás dispuesto a dedicarle parte de tu tiempo y esfuerzo, estás dispuesto a servir. Tener un corazón de siervo te permitirá alcanzar una posición de mayor honra en el reino de Dios.

RETO

Si estás haciendo este desafío en un grupo, escriban todos sus nombres en pequeños papelitos y dóblenlos. Luego repártanlos como un sorteo y asegúrense que a todos les ha caído el nombre de alguien más. Por un día entero, sirve a la persona cuyo nombre te ha tocado. Este servicio puede incluir actos sencillos como: acercarle una silla para que se siente, llevarle su comida, hacerle pequeños favores, ayudarlo en tareas cotidianas y actividades similares. Luego escojan un momento para compartir cómo se sintieron realizando esta actividad.

Si lo estás haciendo solo, escoge a una persona de tu familia o un amigo para servirle un día entero y luego escribe tu experiencia.

NOTAS

esfuérzate
y sé valiente

Todo lo puedo en Cristo

~4~

ANIMA A ALGUIEN

"Por lo cual, animaos unos a otros, y edificaos unos a otros, así como lo hacéis."

1 Tesalonicenses 5:11

El desánimo es una de las armas favoritas del infierno para atacar a los hijos de Dios. Desde el cristiano más novato hasta el ministro más entregado, todos atraviesan momentos de aflicción, debilidad y agotamiento espiritual. Vivimos en una batalla constante en nuestra mente, donde voces contrarias a Dios nos hablan todos los días diciéndonos que no somos dignos, que no vamos a lograr nada en la vida, que Dios no nos ama y que estamos condenados a fallar una y otra vez.

Es por eso que no estamos diseñados para caminar solos. Juntos conformamos el cuerpo de Cristo. El Padre nos ha llamado a formar parte de su familia, una comunidad de personas como nosotros, un oasis donde podemos encontrar aliento y nuevas fuerzas para continuar avanzando en la fe. El Señor espera que nos apoyemos mutuamente con palabras de ánimo y exhortación, palabras que fortalezcan y reafirmen, palabras que inspiren a nuestros hermanos a levantarse del polvo, colocarse la armadura y ocupar su posición en el campo de batalla.

Proverbios 12:18 nos dice: "Hay hombres cuyas palabras son como golpes de espada; más la lengua de los sabios es medicina." Nuestras palabras, cuando son ungidas por el Espíritu Santo y proceden de amor y preocupación sincera, tienen la capacidad de sanar el alma herida. No necesitas tener un gran conocimiento bíblico o un vocabulario muy rebuscado para decir algunas palabras de exhortación. A tu alrededor, muchas personas sufren depresión, angustia y tristeza. Muchos pelean en secreto con la tentación de abandonar la fe, con el deseo de rendirse en su carrera, incluso con el pensamiento de terminar con sus vidas.

Una palabra puede marcar la diferencia, ser un instrumento en manos del Espíritu Santo para rescatar a alguien de las tinieblas del desánimo y la desesperación.

RETO

Piensa en alguna persona que lo puede estar necesitando y dile algunas palabras que lo animen a confiar en el propósito de Dios, a continuar en la fe o a perseverar en sus planes para el futuro. Puedes expresarle lo que la Palabra de Dios dice sobre él o ella, y recordarle el amor de Jesús.

Si estás en un grupo, pueden dividirse de dos en dos para compartir estas palabras de exhortación. También pueden hacer un círculo y dedicar las palabras a la persona que esté a la derecha hasta que todos hayan dicho algo.

Si estás haciendo el desafío solo, busca a algún amigo, compañero de colegio o hermano en la fe, y dedícale algunas palabras que lo animen.

NOTAS

esfuérzate y sé valiente

Todo lo puedo en Cristo

~5~

ORA POR OTROS

"Pero os ruego, hermanos, por nuestro Señor Jesucristo y por el amor del Espíritu, que me ayudéis orando por mí a Dios."

Romanos 15:30

En una cultura materialista y apurada, la gente a menudo no logra reconocer el origen de sus problemas. Aún la iglesia se ha dejado influenciar por esta tendencia de observar solo lo físico, lo tangible, y olvidar completamente que somos seres espirituales en medio de una batalla espiritual. Es por esto que la mayoría de las veces, cuando tenemos una situación difícil, recurrimos a las soluciones que están delante de nuestros ojos, y pasamos por alto las herramientas que Dios nos ha dado para obtener la victoria.

Pablo les rogaba a las iglesias que oraran por él como si la seguridad de su vida y el éxito de su ministerio dependieran de este poderoso recurso. En la Biblia, al acto de orar por otras personas se le llama "intercesión", porque es comparado a un amigo que interviene ante una autoridad a favor de otro. Como cristianos, somos llamados a orar no solamente por nuestras necesidades, sino también por las de nuestros hermanos. A Dios le agrada que nos preocupemos por los demás y le pidamos a favor de ellos. Esta es una actividad tan poderosa en el mundo espiritual que la Palabra de Dios nos enseña que tanto Jesús como el Espíritu Santo interceden por nosotros (Romanos 8:26, 34).

En ocasiones el mismo Dios nos invita a orar por otros trayendo sus nombres a nuestra mente, o incluso permitiéndonos soñar con ellos. El Espíritu Santo está activo hoy dirigiendo la actividad de la iglesia y Jesús nos dijo que Él también nos mostraría lo que habría de venir, refiriéndose a acontecimientos futuros. Por tanto podemos sentir la influencia del Espíritu Santo guiándonos a orar por personas específicas que están en situaciones de peligro o enfrentarán desafíos. La intercesión desata el poder de Dios sobre la vida de la gente por la que oramos porque, como decía Pablo en esta petición de oración, estamos enviando ayuda a esas personas en el mundo espiritual.

RETO

En una breve oración, pídele al Señor que traiga a tu mente cinco personas que pueden estar necesitando que ores por ellas. Escribe sus nombres en una hoja y ora por cada una. Mientras intercedes, imagina a los ángeles de Dios acudiendo al lugar donde cada una de estas personas está. Piensa en cómo sus vidas están siendo edificadas y cómo la ayuda espiritual les está llegando mientras oras.

NOTAS

esfuérzate y sé valiente

Todo lo puedo en Cristo

~6~

AGRADECE A DIOS

"Mas Jesús (...) le dijo: Vete a tu casa, a los tuyos, y cuéntales cuán grandes cosas el Señor ha hecho contigo, y cómo ha tenido misericordia de ti."

Marcos 5:19

Cuando Jesús fue a la región de los gadarenos, un hombre que había sido atormentado por un espíritu maligno durante muchos años, fue liberado. Después de haber tenido una vida miserable, de constante tortura física y emocional, experimentó la libertad y la paz por primera vez cuando Jesús lo hizo libre. Lleno de gozo y agradecimiento, este hombre le rogó a Jesús que le permitiera subir con él a la barca para seguirlo como lo hacían los apóstoles. Sin embargo, Jesús le encomendó una misión importante: "ve y cuéntales a los tuyos cuán grandes cosas el Señor ha hecho contigo." Jesús sabía que el testimonio del gadareno tendría más impacto entre sus vecinos y parientes, quienes conocían su estado anterior, que entre la gente de las aldeas y pueblos a los que se dirigía con los discípulos.

Contar a otros lo que Dios ha hecho en nuestras vidas es una de las formas más poderosas de servir a Dios. Creemos equivocadamente, como el gadareno, que seguir a Jesús implica estar solamente en grandes plataformas, y menospreciamos el poder de compartir con otros nuestra experiencia personal. Saulo de Tarso fue llamado por Jesús después de haber sido un enemigo de la iglesia, y después de volverse cristiano testificaba por todos lados lo que el Señor había hecho en su vida. También la mujer samaritana con su testimonio provocó que toda su aldea fuera a conocer y escuchar a Jesús.

Cuando compartimos lo que el Señor hace en nuestra vida suceden dos cosas. Recordar la forma en que nos ayudó nos llena de gozo y agradecimiento, y nuestro testimonio anima la fe de los que nos escuchan. Muchas veces nosotros mismos hemos sido alentados a orar, a perseverar en la fe, a ser mejores cristianos cuando hemos escuchado a otros hermanos testificar de sus experiencias con Dios y de la manera en que el Señor ha obrado en sus vidas. Jesús espera que, como el gadareno que fue libre y experimentó la gracia y amor de Dios, tú también cuentes a los demás las grandes cosas que el Señor ha hecho contigo.

RETO

Toma un tiempo para recordar algún evento importante en tu vida en el que sabes que Dios te ayudó. Puede haber sido una sanidad, protección en un momento de peligro, victoria en algún desafío o alguna otra circunstancia en la que Dios actuó a tu favor. Compártela con tus compañeros del grupo y agradece en público por lo que Dios hizo.

Si estás haciendo el desafío solo, decide compartir tu experiencia con algún amigo, compañero o familiar, o testificarlo a tu iglesia.

NOTAS

esfuérzate y sé valiente

Todo lo puedo en Cristo

~7~

ESCUCHA SU VOZ

"Mis ovejas oyen mi voz."

Juan 10:27

¿Piensas en Dios como alguien que desea hablar contigo o lo imaginas como un ser lejano, indiferente y silencioso?

A lo largo de toda la Biblia vemos cómo a Dios le agrada comunicarse con los seres humanos. Él buscaba a Adán para hablar con él en el jardín del Edén, revelaba sus planes a Abraham, hablaba con Moisés como con un amigo. Dios es un ser que se relaciona, que habla, que se revela y manifiesta de diversas maneras a su pueblo. Es el Creador buscando compañerismo con su creación.

¿Acaso Dios ha dejado de hablar en este tiempo? La Palabra de Dios nos enseña que Él es el mismo y no cambia. Jesús dijo claramente que sus ovejas oyen su voz, lo cual nos indica que en momentos de nuestra vida el Señor nos va a hablar directamente. El Espíritu Santo ha sido enviado para enseñarnos y guiarnos a toda verdad. No puede haber enseñanza sin comunicación, por lo tanto concluimos que el Espíritu de Dios habla.

Tristemente muchos cristianos aún no han experimentado esta comunión profunda porque no saben cómo escuchar su voz. Tenemos nuestra mente saturada con tantas cosas que nos resulta difícil distinguir su voz entre los ruidos de este mundo. Sin embargo, es esencial que aprendamos a oír al pastor de nuestras almas, porque si Dios desea decirnos algo, ¡es vital que lo escuchemos!

Dios puede hablarnos de muchas maneras: a través de su Palabra escrita, a través de hermanos en la fe, audiblemente, o a través de la voz del Espíritu Santo en nuestro interior. Aunque deseamos muchas veces tener grandes visiones o escuchar la voz directa de Dios como un trueno, debemos reconocer que no es la manera más común. La voz interior, el Espíritu Santo hablándonos suavemente en nuestro corazón, es la que nos acompaña cada día, y cada hijo de Dios debe ejercitar su espíritu en escucharla.

Hay muchos textos de la Biblia que nos hablan de la importancia de meditar y hacer silencio delante de Dios. Hay momentos para hablar y momentos para callar. Es en la quietud donde escuchamos al Espíritu Santo poniendo instrucciones en nuestra mente y en nuestro corazón.

RETO

Apártate a un lugar en el que estés solo y puedas concentrarte. Pídele al Espíritu Santo que te hable. Puedes hacer preguntar específicas como: si hay algo que Él desea que cambies, si lo has ofendido de alguna forma últimamente, qué puedes hacer para profundizar en tu amistad con Jesús, o cualquier otra cosa que desees. Luego haz silencio y espera con el corazón abierto. Lo que venga a tu mente en ese momento, escríbelo.

Si estás en un grupo, y no es algo demasiado privado, compártelo con tus compañeros.

NOTAS

esfuérzate y sé valiente

Todo lo puedo en Cristo

~8~

RECIBE ORACIÓN

"Orad unos por otros, para que seáis sanados. La oración eficaz del justo puede mucho."

Santiago 5:16

No solo Dios espera que oremos por nuestros hermanos; también desea que seamos ministrados por ellos. Reunirnos con alguien para intercambiar oración es una herramienta poderosa para nuestro crecimiento espiritual.

Cuando somos parte de una iglesia local, tenemos a disposición muchas oportunidades para recibir oración, ya sea cuando los pastores o ministros realizan llamados específicos para que acudan a ser ministrados los que deseen, o en los cultos que son dedicados exclusivamente a la oración. También podemos contar con hermanos en la fe de más experiencia, a quienes podemos pedirles que oren por nosotros. La Palabra nos enseña que la oración eficaz del justo es efectiva, puede lograr mucho, y que si oramos unos por otros, podemos ser sanados. A través de la oración somos sanados no solamente en nuestro cuerpo, sino en nuestra alma y en nuestra mente.

Jesús nos enseñó en Mateo 18:19 que si dos personas se ponen de acuerdo para pedir algo, les será hecho por el Padre. Si creemos esta afirmación, no perderemos la oportunidad de orar junto a otras personas por asuntos específicos en los que requerimos la intervención de Dios.

No debemos permitir que la vergüenza o la timidez nos impidan pedir oración cuando lo necesitemos. En la vida cristiana no podemos avanzar solos. La oración privada es importante, pero la ministración directa por parte de hombres y mujeres de Dios es esencial para nuestro desarrollo espiritual. Oremos por nuestros hermanos en Cristo cuando ellos lo necesiten y permitamos que ellos oren por nosotros.

RETO

Si estás haciendo este desafío en grupo, formen parejas de dos personas y retírense a un lugar donde puedan tener cierta privacidad. Luego díganse algunas razones por las cuales necesitan oración y permitan que su compañero ore por ustedes. Después oren ustedes por ellos.

Si estás realizando el desafío solo, busca a alguna persona de confianza para ti, algún hermano en la fe, y pídele que ore por ti directamente.

NOTAS

esfuérzate y sé valiente

Todo lo puedo en Cristo

~9~

ENTIENDE LA PALABRA

"La palabra de Cristo more en abundancia en vosotros, enseñándoos y exhortándoos unos a otros en toda sabiduría."

Colosesnses 3:16

La Biblia no es un libro común. Podemos estudiar sus figuras retóricas, el género literario de sus escritos y el estilo de sus autores. Sin embargo no podremos interpretarla correctamente sin la ayuda del Espíritu Santo, porque fue Él quien la inspiró y quien ilumina el corazón del creyente para entender su significado. Ella es el manual del Creador, la guía para conocer quién eres, de dónde vienes y cuál es tu propósito en esta tierra. Por tanto comprender la Palabra de Dios es vital para el desarrollo de tu vida cristiana.

Siendo sinceros, no toda la Biblia es clara y fácil de interpretar, y tampoco se espera que logres comprender todo su contenido de un día para otro. El estudio de la Palabra de Dios es una tarea de toda la vida, un proceso permanente en el que vamos avanzando un paso a la vez. Para poder lograr esa meta, debemos tomar la iniciativa, proponernos hacer las preguntas necesarias y no detenernos hasta obtener las respuestas. Desafortunadamente tenemos la tendencia a navegar una y otra vez por aquellos textos que nos resultan familiares y pasar por alto los fragmentos que no logramos entender del todo. Pero la voluntad de Dios es que aprendamos los misterios escondidos en las Sagradas Escrituras, las cuales, como dijera Pablo a Timoteo, pueden hacernos sabios para la salvación.

Para ayudarnos en este proceso de aprendizaje, Dios instituyó en su iglesia pastores y maestros, personas con una capacidad especial para comprender el significado de su Palabra y enseñarlo a otros. Cuando tengas alguna duda, no temas preguntar a aquellos que tienen más conocimiento. Jesús dijo que si buscamos, hallaremos, y esto se aplica a todas las áreas de nuestra vida. Si buscas comprender su Palabra, el Señor te llenará de entendimiento y sabiduría.

RETO

Si estás haciendo el desafío en grupo piensa en algún texto bíblico que no entiendas bien, menciónalo en voz alta y pregunta si alguien del grupo comprende lo que significa.

Si estás solo, pregunta qué significa el texto bíblico que no entiendes bien a alguna persona con conocimiento y sabiduría de tu iglesia local.

NOTAS

esfuérzate
y sé valiente

Todo lo puedo en Cristo

~10~

CUENTA TU SUEÑO

"Y Daniel tuvo entendimiento en toda visión y sueños."

Daniel 1:17

Los sueños han sido siempre una forma de revelación, un método sencillo que Dios usa para comunicarse con los seres humanos. Jacob tuvo su encuentro con Dios a través de un sueño. José supo a través de sueños que gobernaría entre sus hermanos. Dios preguntó a Salomón en un sueño qué deseaba, y a través de su respuesta obtuvo sabiduría para reinar. Daniel tuvo entendimiento en toda visión y sueños, no solo para recibir mensajes de Dios él mismo sino para interpretar los sueños de otros. José, el esposo de María, recibió visitaciones de ángeles e instrucciones de lo que debía hacer mientras dormía. El profeta Joel, cuando anunció el derramamiento del Espíritu Santo, incluyó los sueños dentro de las señales que se manifestarían con su llegada.

Incluso algunos que no eran parte del pueblo de Dios recibieron revelaciones importantes de esta manera. Recordemos al faraón de Egipto, a quien Dios anunció a

43

través de los sueños de las vacas y las espigas los siete años de abundancia y los siete años de escasez que vendrían. Nabucodonosor recibió en sueños una visión de los reinos que vendrían tras el suyo. Claudia, la esposa de Pilatos, le pidió que no matara a Jesús ya que había padecido a causa de él en sueños.

Podemos decir, de acuerdo a la Escritura, que los sueños son una forma común de recibir impresiones en nuestro corazón de parte de Dios. Es cierto que muchas veces soñamos cosas sin sentido, una mezcla de elementos desordenados que no son relevantes. Sin embargo, en algunas ocasiones podemos recibir algún sueño especial, del que despertamos con asombro, preguntándonos qué quería decir. En nuestro interior sabemos que no ha sido un sueño común, ya sea porque sus acontecimientos nos conmovieron o porque este sueño específico fue más intenso y estructurado que los demás.

Si piensas con detenimiento, quizás venga a tu mente algún sueño que nunca has olvidado, con símbolos, referencias o mensajes que animaron tu corazón, te conmovieron profundamente o al menos te hicieron preguntarte qué significaba. Sabiendo que Dios puede hablarte a través de tus sueños, puedes orar antes de dormir, pidiendo esta hermosa ministración del Espíritu Santo a tu corazón.

RETO

Intenta recordar algún sueño que hayas tenido, si crees que puede haber sido algún mensaje o impresión de parte de Dios. Compártelo con tus compañeros.

Si haces el desafío solo, cuéntalo a alguien de tu confianza.

Quizás el Señor te conceda la interpretación a través de un hermano en la fe, o mientras lo cuentas el Espíritu Santo hable a tu corazón y te muestre el significado.

NOTAS

esfuérzate y sé valiente

Todo lo puedo en Cristo

~11~

DECLARA TU IDENTIDAD

"Pero por la gracia de Dios soy lo que soy."

1 Corintios 15:10

Una de las mayores batallas que libramos contra el diablo y el sistema de este mundo tiene que ver con nuestra identidad. Vivimos en una época llena de confusión: muchas personas no saben de dónde provienen, quiénes son o cuál es su propósito en la vida. Vagan sin dirección buscando respuestas de parte de guías tan ciegos como ellos, los cuales tuercen aún más su perspectiva y los alejan del Único que puede traer sentido a su existencia.

La Palabra de Dios es la única fuente confiable para conocer nuestra identidad. Así como el manual del diseñador es necesario para entender cómo funciona su diseño, la Biblia es el manual del Creador del ser humano, y a través de ella encontramos nuestro origen y propósito. Solo Dios tiene la autoridad final para responder quiénes somos y qué debemos hacer con nuestras vidas.

Cuando entramos al plan de Dios, a la salvación que fue ganada para nosotros por Jesús en la cruz, adquirimos una nueva identidad como cristianos e hijos de Dios. Es hermoso que el ser más poderoso y justo del universo nos haya llamado para convertirnos en sus hijos y herederos y nos haya otorgado el gran honor de reinar junto con Cristo. Si buscamos en nuestras Biblias, encontraremos una descripción detallada de todo lo que hemos venido a ser al aceptar a Jesús y ser trasladados a su reino.

El enemigo de nuestras almas intentará muchas veces que olvidemos nuestra identidad en Cristo. De hecho, su principal objetivo es que ni siquiera lleguemos a conocerla, porque sabe cuán grandes cosas podemos lograr en nuestras vidas si estamos conscientes de quiénes somos en Dios.

RETO

Lee estos versículos que expresan tu identidad en Cristo. Luego repite en voz alta estas declaraciones de acuerdo a la Palabra de Dios. Si estás en un grupo, confiesen estas verdades todos juntos.

Soy amado por Dios (1 Juan 4:9)

Soy perdonado (Efesios 4:32)

Soy salvo por la fe (Efesios 2:8)

Soy elegido (1 Pedro 1:2)

Soy un hijo de Dios (Juan 1:12)

Soy un rey (Apocalipsis 5:10)

Soy un sacerdote (Apocalipsis 5:10)

Soy nación santa (1 Pedro 2:9)

Soy linaje escogido (1 Pedro 2:9)

Soy heredero de Dios (Gálatas 4:7)

Soy la luz del mundo (Mateo 5:14)

Soy la sal de la tierra (Mateo 5:13)

Soy santo (Apocalipsis 14:12)

Soy nueva criatura (2 Cor 5:17)

Soy más que vencedor (Romanos 8:37)

Soy amigo de Jesús (Juan 15:14)

Soy embajador de Cristo (2 Cor 5:20)

Soy bendecido (Efesios 1:3)

Soy templo de Dios (1 Corintios 3:16)

Soy el cuerpo de Cristo (1 Cor 12:27)

NOTAS

esfuérzate
y sé valiente

Todo lo puedo en Cristo

~12~

TESTIFICA DE OTROS

"Por tanto, no te avergüences de dar testimonio de nuestro Señor, ni de mí."

2 Timoteo 1:8

Nadie puede recorrer el camino de la fe sin la ayuda de otros. No es casualidad que todos los que hemos sido salvados a través de Jesús seamos llamados el cuerpo de Cristo. Somos una familia donde los fuertes sostienen a los débiles y los más experimentados ayudan a los que recién comienzan.

A menudo olvidamos la intervención humana en nuestro éxito. Creemos que hemos llegado a donde estamos por nuestra cuenta o con la acción directa y exclusiva de Dios. Sin embargo este es un pensamiento arrogante. El Señor usa siempre personas para ayudarnos a avanzar en nuestra relación con Él.

Todos en nuestra vida hemos tenido a alguien que ha sido vital en nuestro crecimiento cristiano. Quizás fue el predicador que Dios usó para anunciarte el mensaje de salvación, el maestro de Escuela Dominical que te instruyó cuando eras niño, el líder que te corrigió cuando andabas desorientado o el pastor con el cual experimentaste un verdadero acercamiento a Dios.

Los ministerios han sido puestos en la iglesia para edificarte y bendecirte y se espera que los que se han beneficiado de su labor, sientan gratitud por esa obra de amor. La Palabra de Dios nos enseña que debemos honrar a aquellos que nos instruyen en la fe. El mismo Pablo exhorta a su discípulo Timoteo diciéndole: "No te avergüences de dar testimonio de nuestro Señor, ni de mí." Es decir, Pablo esperaba recibir cierto reconocimiento por parte de su discípulo, al menos que Timoteo testificara qué había hecho Pablo por él, y cómo Dios lo había usado para bendecir su vida.

Estas mismas palabras deben servirnos hoy. No debemos avergonzarnos de testificar de esas personas que Dios ha usado para acercarnos a él, para orar por nosotros, para mostrarnos más de cerca el Evangelio. Es saludable para nuestra alma, y es agradable a Dios, que honremos a sus siervos y ministros y a todo el que haya aportado al proceso de nuestra salvación y crecimiento espiritual.

RETO

Testifica de una (o varias) personas que han sido fundamentales en el desarrollo de tu vida cristiana. Menciónalas y comparte con tu grupo por qué han sido importantes para ti.

Si estás solo también haz memoria de alguien vital en tu vida en Cristo y testifica de cómo esta persona impactó tu vida.

NOTAS

esfuérzate
y sé valiente

Todo lo puedo en Cristo

~13~

IMAGINA LA VERDAD

"Porque Jehová escudriña los corazones de todos, y entiende todo intento de los pensamientos."

1 Crónicas 28:9

Nuestra mente ha sido diseñada por Dios para realizar funciones asombrosas, entre las cuales se encuentran la percepción, el pensamiento, la conciencia, la memoria y la imaginación. La mente es tan importante que las tinieblas desean invadirla todo el tiempo con imágenes impuras y pensamientos pecaminosos. El diablo sabe que es ahí donde libramos nuestras batallas. Santiago 1:15 nos dice que el pecado, antes de ser practicado, es concebido dentro de nosotros. Primero somos vencidos en nuestra mente y luego realizamos en la práctica lo que ya hemos imaginado. Es por esto que la Palabra de Dios nos aconseja en 2 Corintios 10:5 que llevemos cautivo todo pensamiento a la obediencia a Cristo, es decir: que los controlemos y sometamos a a voluntad de Dios.

La imaginación es una función fundamental de la mente.

Muchos cristianos la menosprecian porque creen que solo imaginamos cosas fantasiosas. Sin embargo, el término imaginación proviene de la palabra "imagen", porque es la parte de nuestro espíritu que se encarga de proyectar imágenes. Todo lo que ha sido inventado, tuvo que ser imaginado primero. El futuro que deseas para mañana, debes imaginarlo hoy. La tarea que vas a realizar la semana próxima, debes proyectarla primero en tu mente. La imaginación es el simulador que Dios puso en nosotros para que veamos las cosas antes de que lleguen a cumplirse.

La imaginación también puede ser un punto de contacto con Dios. Si te cuesta trabajo concentrarte al orar, dedica un tiempo a imaginar las verdades de la Palabra de Dios. Y con imaginar no estamos diciendo fantasear. Nos referimos a proyectar en tu mente lo que no ves con tus ojos físicos, pero que es real en el mundo espiritual. Si la Biblia dice que el Espíritu Santo está con nosotros en todo momento, cierra tus ojos e imagínalo a tu lado. Si la Biblia dice que el ángel del Señor acampa a tu alrededor, imagina que cuando caminas por la calle y realizas tus actividades diarias, hay ángeles junto a ti, dispuestos a ayudarte. Imagina al Padre enfocándose en ti cuando lo llamas, pues la Biblia dice que sus oídos están atentos a nuestras oraciones. Permite que tu imaginación sea un lugar lleno de la presencia y la gloria de Dios.

RETO

Realiza varios ejercicios de imaginación basados en la Palabra de Dios. Imagina lo siguiente con los ojos cerrados y comenta con tus compañeros cómo te ha ido.

Imagina al Padre sentado en su trono.

Imagina a Jesús parado frente a ti.

Imagina al Espíritu Santo a tu alrededor.

Si estás en un grupo, que alguien lea uno o varios de estos pasajes donde se relatan encuentros sobrenaturales con Dios. Los demás, con los ojos cerrados, imaginen lo que se está leyendo.

Isaías 6:1-8	Ezequiel 1:3-28	Génesis 28:10-22
Apocalipsis 1:12-20	Apocalipsis 21:9-27	Apocalipsis 22:1-5

NOTAS

esfuérzate y sé valiente

Todo lo puedo en Cristo

~14~

NO TE AVERGÜENCES

"No me avergüenzo del evangelio porque es poder de Dios para salvación."

Romanos 1:16

Cuando somos jóvenes es común que sintamos la presión del grupo sobre nosotros. Experimentamos la necesidad de agradar a los demás; el deseo de alinearnos a lo que se considera aceptable entre nuestro grupo de compañeros o amigos. Sin embargo, esta tendencia a querer ser como los otros en ocasiones nos impide tomar decisiones sabias que pueden cambiar el rumbo de nuestra vida. No es malo desear ser aceptados por otras personas, sin embargo puede volverse algo malo si este deseo nos lleva a vivir de una forma incorrecta con tal que otros se sientan complacidos.

Jesús dejó bien claro que el Reino de Dios produce división en el mundo entre quienes lo reciben y quienes lo rechazan. Sabemos que las personas que no conocen a Dios piensan y viven bajo la influencia "del príncipe de la potestad del aire, el espíritu que ahora opera en los hijos de desobediencia." (Efesios 2:2) Cuando alguien entrega su vida a Cristo es librado de la potestad de las tinieblas y trasladado al reino de Jesús (Colosenses 1:13). Por tanto se convierte en un enemigo del diablo y del reino del mal. Es por esto que no podemos esperar aceptación de parte del mundo cuando decidimos seguir a Jesús. Él mismo nos alertó que más bien debemos esperar ser odiados y perseguidos por nuestra fe.

Una de las armas favoritas del diablo para apartarnos de Dios es provocar en nosotros vergüenza. El sistema de este mundo está diseñado para atacar todo lo que crees como cristiano. Tus compañeros y amigos serán usados para hacerte sentir mal y provocar que quieras esconder tu fe. Se burlarán cuando no quieras pensar, hablar o actuar como ellos. Es una estrategia muy antigua usada contra cada cristiano que ha vivido en este mundo. Querrán que te sientas un bicho raro, un anticuado, un retrógrado que no sabe divertirse. El objetivo es que te avergüences de tu nueva identidad y poco a poco te alejes de ella.

Sin embargo, Jesús nos advirtió que si nos avergonzamos de Él, también Él se avergonzará de nosotros cuando llegue el día final. Por el contrario, si le confesamos delante de la gente, también Él nos confesará (Mateo 10:32,33). Piensa en cuán desagradable sería que sorprendieras a alguien a quien consideras tu amigo, diciéndoles a otras personas que no te conoce.

Es tiempo de ser valientes y no permitir que el diablo nos haga retroceder a través de esta trampa antigua. Seamos cristianos que no se avergüenzan de Aquel que dio todo por nosotros.

RETO

Toma la decisión de no avergonzarte de tu fe. Para comenzar, realiza estas dos acciones:

Usa al salir a la calle un artículo (ropa, mochila, accesorios, etc.) que contenga algún elemento abiertamente cristiano. Puede ser un texto de la Biblia, o la palabra Jesús.

Dile que eres cristiano a alguien que aún no lo sepa.

NOTAS

esfuérzate
y sé valiente

Todo lo puedo en Cristo

~15~

APRENDE DE LA CREACIÓN

"Porque las cosas invisibles de él, su eterno poder y deidad, se hacen claramente visibles desde la creación del mundo, siendo entendidas por medio de las cosas hechas."

Romanos 1:20

Una de las muestras de la existencia de Dios es la creación. Decir que todo provino de la nada y que una explosión produjo orden va contra toda lógica. Es como afirmar que al lanzarse una bomba en el desierto surgió un edificio. Todo lo que existe funciona de acuerdo a un diseño inteligente. Los organismos vivos, desde el más simple al más complejo, manifiestan una estructura detallada e intencional. Cada uno de sus órganos y partes se coordinan para permitir el desarrollo, y a la vez todos los elementos de la creación se interrelacionan perfectamente. Aun nuestro planeta se encuentra a una distancia del sol que es la exacta para el sostenimiento de la vida. Todo esto muestra la existencia de una mano maestra detrás del universo, de un diseñador inteligente y esmerado. Por esta razón Pablo nos dice que su eterno poder y deidad pueden ser entendidos a través de las cosas hechas. David también declara que los cielos cuentan la gloria de Dios y el firmamento anuncia la obra de sus manos (Salmos 19:1).

Pero además de manifestar la existencia de Dios, la creación contiene trazos de su carácter. En Hebreos 11:3 se nos dice que "lo que se ve fue hecho de lo que no se veía", por lo cual es común que las leyes naturales reflejen realidades espirituales.

Varios textos de la Biblia comparan acciones divinas con comportamientos de animales, tales como la gallina cuidando a los pollitos, el león rugiendo o el cordero sacrificado. El proceso de siembra y cosecha es usado para ejemplificar el ciclo de recompensas por nuestras acciones. La lluvia que bendice los campos funciona como el derramamiento del Espíritu sobre nosotros. El crecimiento de la semilla es similar a la implantación del Reino de Dios en nuestros corazones. El árbol fértil que da buen fruto nos ilumina respecto a cómo debiera ser la vida del creyente. Y todo esto es así porque el trazo del Creador está presente en todo lo creado, de modo que al observar los elementos físicos podemos obtener entendimiento del mundo espiritual y la personalidad de nuestro Dios.

RETO

Piensa en algún elemento o proceso de la Creación que te enseñe algo respecto a Dios o al mundo espiritual. Puede ser la manera en que se comportan los animales, los fenómenos naturales, el crecimiento y desarrollo de elementos de la naturaleza, etc.

Si estás en un grupo comparte tus reflexiones con tus compañeros.

NOTAS

esfuérzate
y sé valiente

Todo lo puedo en Cristo

~16~

PIDE PERDÓN

"Si traes tu ofrenda al altar, y allí te acuerdas de que tu hermano tiene algo contra ti, deja allí tu ofrenda delante del altar, y anda, reconcíliate primero con tu hermano, y entonces ven y presenta tu ofrenda."

Mateo 5:23-24

El bullying y el acoso están a la orden del día en la mayoría de los colegios. Aún entre los jóvenes cristianos es común la práctica de actos que a sus ojos no parecen tan graves, tales como burlarse de la apariencia física o tomarse a broma el sufrimiento ajeno. Sin embargo, a los ojos de Dios tales acciones son repulsivas, ya que provocan heridas en el alma que pueden tardar mucho tiempo en sanarse. No en vano Jesús nos advierte que las consecuencias de ser tropiezo a otros son graves, y que el ofender con palabras nos coloca en una posición merecedora de condenación.

Cuando nos acercamos a Dios, el estado de nuestro corazón es lo más importante. No importa cuántas actividades "religiosas" practiquemos si nuestro estilo de vida incluye herir a los demás. Muchas veces nos enfocamos solamente en orar, ayunar, asistir a cultos y otras actividades en la iglesia. Sin embargo ignoramos lo más importante: el amor a nuestro prójimo. El apóstol Juan en su primera carta nos dice que si alguno dice amar a Dios, pero aborrece a su hermano, es mentiroso. (1 Juan 4:20) Nuestra santidad no debe enfocarse solamente en nuestra relación con Dios, sino en nuestra relación con los seres humanos que nos rodean.

Es tan importante este asunto, que Dios no aceptará ninguna ofrenda de nuestra mano hasta que no hayamos pedido perdón a la gente que hemos dañado con nuestras acciones. Nuestras alabanzas, oraciones, contribuciones financieras y otros actos de devoción serán rechazados a menos que seamos capaces de reconciliarnos con las personas heridas por causa de nuestras palabras o acciones.

Antes de presentarnos a Dios para ofrecerle nuestra adoración y servicio, revisemos siempre la manera en que estamos tratando a nuestro prójimo. La reconciliación abrirá sobre nuestra vida una manifestación fresca de su presencia.

RETO

Medita por un momento en la forma en que has tratado a los demás últimamente. Pregúntate si has ofendido a tus amigos, compañeros, familiares, hermanos en Cristo, o incluso a algún desconocido.

Si es así, pide perdón e intenta reconciliarte con esa persona. Si ya no tienes forma de hacerlo porque la persona ya no vive o no tienes forma de contactarla, haz una oración pidiendo al Señor que te perdone por haberla herido. Luego pídele que te ayude a amar a tu prójimo como a ti mismo.

NOTAS

esfuérzate
y sé valiente

Todo lo puedo en Cristo

~17~

DESCUBRE TU DON

"Cada uno según el don que ha recibido, minístrelo a los otros."

1 Pedro 4:10

Muchas veces creemos que nuestro destino en la vida consiste solamente en estudiar una carrera y ejercerla hasta que llegue la edad de nuestro retiro. Sin embargo, Dios tiene un propósito que incluye, pero no se limita a nuestras metas temporales. El propósito de Dios para ti es eterno, y se relaciona con la manera en que tú individualmente puedes colaborar en la extensión de su reino en la tierra.

Cuando venimos a Cristo, recibimos una asignación especial de parte del Espíritu Santo. Aunque tus dones naturales pueden ser instrumentos de bendición para muchos, la tarea que el Señor te encomienda es sobrenatural y como tal, precisa de una capacitación sobrenatural para ser desarrollada. La Biblia nos enseña que la iglesia es el cuerpo de Cristo, y cada creyente es un miembro con una función diferente. (1 Corintios

12:27) Así como en el cuerpo humano un órgano saludable es aquel que funciona, de la misma manera en la iglesia solo disfrutan de salud espiritual aquellos que sirven a Dios en el ministerio que les ha sido encomendado.

Quizás aún no sepas cuál es el llamado específico que Dios te ha hecho en relación a tu servicio en el cuerpo de Cristo. Es normal sentir confusión y dudas respecto a este tema, pues una parte importante de nuestro crecimiento como cristianos es descubrir cuáles dones el Espíritu Santo ha depositado en nuestra vida.

Un buen punto de partida sería estudiar las listas de dones y ministerios que se encuentran en varios textos del Nuevo Testamento. Luego, a través de la oración y la práctica, el Señor irá manifestando aquello en lo cual desea que edifiques a la iglesia. Ten por seguro que absolutamente todos los hijos de Dios tienen una función especial en la extensión de su reino.

RETO

Lee las listas que se encuentran en estos textos bíblicos y escribe todos los dones y ministerios que encuentres en ellas.

Romanos   12:6-8   1 Corintios   12:4-11
1 Corintios 12:28

Medita en las siguientes preguntas, y si estás en un grupo, comparte las respuestas con tus compañeros:

1- ¿Cuál es el don o ministerio que desearías tener?
2- ¿Cuál es el don o ministerio que sientes o crees que ya podrías estar manifestando?

Si alguien en el grupo cree que alquien presente tiene algún don, que lo exprese libremente. En ocasiones otros comienzan a notar la obra de Dios en nuestra vida incluso antes que nosotros.

NOTAS

esfuérzate y sé valiente

Todo lo puedo en Cristo

~18~

SIRVE A DIOS

"Cada uno recibirá su recompensa conforme a su labor."

1 Corintios 3:8

Jesús contó una parábola a sus discípulos en la que un señor, antes de irse de viaje, repartió distintas cantidades de dinero a tres de sus siervos. Al volver, dos de ellos habían duplicado el dinero, mientras que uno lo había enterrado sin hacer el más mínimo intento por multiplicarlo. Este señor recompensó a los siervos responsables y llamó malo y negligente al siervo que no se había esforzado. A los que habían administrado correctamente sus bienes los recompensó, pero al siervo perezoso le quitó el poco dinero que había depositado en sus manos. (Mateo 25:14-30)

En realidad Jesús no estaba hablando de dinero en esta historia, sino de los dones y ministerios que reparte a cada uno de sus hijos. Dios espera que seas un buen administrador de todo lo que ha depositado en tu vida, y que lo uses para la extensión de su reino. Tu carrera, negocio, entretenimientos, actividades recreativas o proyectos personales caerán en el olvido cuando te presentes ante el trono de Dios. De todo lo que hagas en la tierra, solo obtendrás recompensa por aquello que ayudó a una persona a conocer a Jesús o a crecer en su relación con él. Estas son las obras que permanecen para siempre, y que están siendo registradas en el cielo. El Señor ha prometido que recompensará a cada cual de acuerdo a sus obras.

No es necesario que tengas completamente claro cuál es tu don para trabajar en el reino de Dios. Hay muchas maneras de servir en la iglesia, muchos ministerios en los que puedes involucrarte mientras descubres exactamente cuál es tu llamado. De hecho, participar en diferentes funciones en el cuerpo de Cristo, evangelizando, discipulando, ayudando a los necesitados o exhortando a los desanimados, puede ayudarte a detectar las áreas en las que el Espíritu Santo fluye mejor a través de ti. Al final, todos los hijos de Dios tienen un llamamiento claro: el de servir a los demás.

Con la recompensa celestial en mente y el deseo de agradar a Aquel que entregó su vida por ti, busca oportunidades para ser útil. Permítele a Dios usarte para bendecir a otras personas. Bendiciendo a los demás experimentarás un gozo indescriptible y tu vida se volverá un manantial del que podrán beber los que están a tu alrededor.

RETO

Pide que te permitan servir en alguno de los ministerios de tu iglesia, aunque sea realizando una función pequeña. Si puedes, intenta transitar por varios ministerios hasta descubrir con cuál te sientes más identificado.

Si estás en un grupo, comparte con tus compañeros tu experiencia.

NOTAS

esfuérzate
y sé valiente

Todo lo puedo en Cristo

~19~

MIRA TU FUTURO

"Una cosa hago: olvidando ciertamente lo que queda atrás, y extendiéndome a lo que está delante, prosigo a la meta."

Filipenses 3:13-14

En el "atrás" de nuestra vida hay tantas cosas, malas y buenas, y seguramente pienses que no todas ellas deben ser olvidadas. El apóstol Pablo se refiere a olvidar lo que queda atrás en el sentido de no aferrarnos al pasado si eso nos limita en nuestro avance hacia el futuro.

Nuestros pecados, errores, heridas y otras experiencias negativas pueden ser usados por el diablo para esclavizarnos en un ciclo de vergüenza y culpa. El recuerdo del sufrimiento pasado puede convertirse en un tormento capaz de inmovilizarnos con cadenas espirituales e invisibles. Para salir de esa prisión es necesario quitarle el poder a ese "atrás", a ese pasado que vuelve a nosotros para clavar sus garras en nuestro presente e impedirnos el avance.

Pero hay otro "atrás" que también puede impedirnos alcanzar lo que Dios tiene para nosotros. El "atrás" de los logros ya obtenidos, de lo que ya ha sido hecho. Muchas veces nos conformamos con el camino recorrido y nos sentamos a descansar a la orilla de la carretera. Sin embargo aún no hemos llegado a nuestro destino. Hasta que no abandonemos este cuerpo físico y vayamos a la presencia de nuestro Rey y Señor, no podemos dar por cumplido nuestro propósito.

Es por eso que debemos mirar hacia el futuro, hacia las metas que nos quedan por alcanzar. En la carta a los Hebreos se nos dice que los héroes de la fe saludaban de lejos el cumplimiento de las promesas de Dios en sus vidas. Es decir: las creían, las miraban en sus mentes, hablaban de ellas todo el tiempo, declaraban con confianza que un día el propósito de Dios se manifestaría por completo. Imitemos su ejemplo. Hagamos como Pablo y extendámonos hacia el futuro, a lo que está delante de nosotros. Lo mejor aún está por venir.

RETO

Escribe cómo deseas que sea tu futuro. Incluye detalles relacionados a tu carrera, tu vida familiar, tu ministerio y tu relación con Dios. Luego ora y pídele a Dios que te ayude a cumplir tus metas y que tome el control de tu vida para que puedas llegar al destino que Él ha preparado para ti.

Si estás en un grupo y deseas hacerlo, puedes compartir con tus compañeros lo que has escrito.

NOTAS

esfuérzate y sé valiente

Todo lo puedo en Cristo

~20~

RECONOCE TU DEBILIDAD

"Porque no tenemos un sumo sacerdote que no pueda compadecerse de nuestras debilidades."

Hebreos 4:15

Todos tenemos áreas en las que nos consideramos fuertes, y otras en las que nos consideramos débiles. Esto se aplica en las habilidades físicas, las capacidades intelectuales y todos los aspectos de nuestra vida. De la misma forma, aunque todos hemos pecado y hemos fallado a Dios en nuestra vida, no todos hemos sido arrastrados a las mismas tendencias pecaminosas. Unos han sucumbido ante las tentaciones sexuales, otros a las adicciones, otros se han hundido en prácticas de ocultismo y hechicería, otros han sido vencidos por la codicia y la arrogancia, o por los pecados que atentan contra el amor como la ira y el resentimiento.

No es extraño que cuando nos acercamos a Dios, y el Espíritu Santo inicia su obra de transformación en nuestra vida, algunos pecados nos resulten más difíciles de abandonar que otros. Y si en algún momento nuestra relación con Dios se debilita y caemos en una trampa del enemigo, es posible que nuestra recaída sea en esas mismas prácticas que estaban más arraigadas. Esto se debe a que el diablo conoce nuestras debilidades y está dispuesto a usarlas para apartarnos del camino de la salvación.

Sin embargo, aunque estos pecados parezcan gigantes en nuestra mente, Dios nos ha dado las armas para vencer en todas las áreas de nuestra vida. El Espíritu Santo trae libertad total a nuestro espíritu, sin importar qué demonios nos hayan esclavizado antes o cuáles estén rondando para hacernos caer. En Cristo hemos sido transformados en nuevas criaturas que están capacitadas para vivir una vida santa y lavada por la sangre de Cristo.

Un primer paso para vencer en nuestra vida cristiana es reconocer cuáles son nuestras debilidades, cuáles son las áreas en las que necesitamos una acción más profunda del Espíritu de Dios en nosotros. Si somos conscientes de esto, podemos alejarnos de las circunstancias que nos inducen a recaer y posicionarnos para enfrentar cualquier embate del enemigo.

RETO

Escribe tus debilidades en un papel de forma anónima (sin nombre). Si estás en un grupo, doblen todos sus papeles, mézclenlos en una vasija y repártanlos entre el grupo.

Luego que cada participante lea el papel con las debilidades que le tocó, y ofrezca algunos consejos para vencerlas.

Al final que cada uno haga una corta oración pidiendo a Dios que la persona que escribió las debilidades que tiene en su mano, pueda vencerlas con ayuda del Espíritu Santo.

NOTAS

esfuérzate y sé valiente

Todo lo puedo en Cristo

~21~

HONRA A TUS MAESTROS

"El que es enseñado en la palabra, haga partícipe de toda cosa buena al que lo instruye."

Gálatas 6:6

A lo largo de nuestra vida encontramos personas que nos impactan de forma positiva, ya sea porque nos tienden la mano en momentos difíciles o porque nos inspiran a crecer y avanzar hacia nuestras metas. La Biblia nos enseña que debemos tener a estas personas siempre presentes, honrar y agradecerles su contribución a nuestro desarrollo. Sin embargo, hay un énfasis especial en la importancia de honrar a aquellos que nos han enseñado la Palabra de Dios.

A menudo agradecemos a nuestros doctores por ayudarnos a solucionar problemas físicos, y a nuestros maestros seculares por ofrecernos la información que más tarde usaremos en nuestras carreras profesionales. Ahora imagina cuánto más importante es la labor de un maestro de la Palabra de Dios, aquel que te ofrece el conocimiento necesario para la sanidad de tu alma, la restauración de tu espíritu y el cumplimiento de tu propósito en la tierra. De la boca del maestro de la Biblia puedes obtener una sabiduría que no encontrarás en ningún otro lugar. El verdadero éxito reside en conocer el camino de la salvación, pues como nos enseñó Jesús en Mateo 16:26, "¿qué aprovechará al hombre, si ganare todo el mundo, y perdiere su alma?"

El Apóstol Pablo dio varias instrucciones a las iglesias respecto a la forma en que debían ser honrados aquellos que se dedicaban a enseñar. A Timoteo le dijo que los ancianos que gobernaran bien debían ser considerados dignos de doble honor, principalmente los que se dedicaban a predicar y a enseñar. (1 Timoteo 5:17) Y a los gálatas les dijo que si alguien es enseñado en la Palabra, tiene el deber de hacer partícipe de toda cosa buena al que lo instruye, es decir: es deber del alumno honrar y ayudar de todas las formas posibles a su maestro. A Dios le agrada cuando un discípulo hace participar a su maestro de las bendiciones que ha recibido.

RETO

Entrega algún pequeño presente a alguno de tus maestros de la Biblia. Puede ser algún regalo sencillo, y si no fuera posible, obséquiale una tarjeta expresándole tu gratitud por su labor en la enseñanza de la Palabra de Dios.

NOTAS

esfuérzate
y sé valiente

Todo lo puedo en Cristo

~22~

PERDONA LAS OFENSAS

"Mas si no perdonáis a los hombres sus ofensas, tampoco vuestro Padre os perdonará vuestras ofensas."

Mateo 6:15

Es imposible pasar por esta tierra sin recibir ofensas. Todos hemos conocido personas que nos han herido a lo largo de nuestra vida y la Palabra de Dios nos enseña que la forma en que lidiamos con estas situaciones es sumamente importante.

Cuando Jesús enseñaba a sus discípulos cómo debían orar, incluyó lo siguiente: "Perdónanos nuestras deudas como también nosotros perdonamos a nuestros deudores." (Mateo 6:12) Jesús compara las ofensas con deudas que se crean en el mundo espiritual. Es decir: cuando alguien nos ofende, esa persona contrae una deuda con nosotros. Es por eso que sentimos que nuestro ofensor debiera pagar por lo que hizo; en nuestro interior se levanta un reclamo de justicia, el deseo de que esa persona pague lo que nos debe.

Conociendo lo que sucede en nuestros corazones, Jesús les aclara a sus oyentes que si no perdonaban las ofensas cometidas contra ellos, tampoco el Padre les perdonaría

91

sus ofensas. En otro momento les cuenta la parábola de los dos deudores (Mateo 18:23), en la que un señor perdona una deuda inmensa a su siervo y luego este siervo no desea perdonar a un compañero. El señor, enojado, retira el perdón concedido y manda apresar al siervo malvado que no fue capaz de mostrar la misma misericordia que él había recibido. Jesús nos advierte que el Padre hará lo mismo con nosotros si no somos capaces de perdonar a aquellos que nos han hecho mal.

La falta de perdón es un pecado grave que aparta de nosotros la presencia del Espíritu Santo. Juan dijo que si aborrecemos alguien, andamos en tinieblas (1 Juan 2:11) y somos homicidas (1 Juan 3:15). Ante estas palabras tan serias, debemos examinar nuestros corazones y limpiarlos de toda raíz de amargura que pueda haberse creado a causa de heridas y ofensas sufridas en el pasado.

El rencor no daña al ofensor, sino a aquel que lo siente. Es como castigarte tú por lo que otro te hizo. Perdonar no es minimizar la gravedad de la ofensa, ni implica necesariamente volver a confiar en esa persona. Perdonar es cancelar la deuda, no desear que el ofensor pague, limpiar tu corazón de todo sentimiento que impide que vivas en libertad. El mensaje del perdón confronta, pero es esencial en nuestra vida cristiana. Dios ha perdonado todos nuestros pecados y ahora espera que perdonemos a los demás. Si deseas juicio para la persona que te hirió, tú también recibirás juicio, pero si concedes perdón y misericordia recibirás lo mismo de parte de Dios.

RETO

Ten un momento a solas con Dios y pídele al Señor que te muestre si aún hay rencor o falta de perdón hacia alguien que te hirió en el pasado. Si es así, escribe en un papel los nombres de esas personas y pídele al Espíritu Santo que te ayude a perdonarlas.

Cuando te sientas listo, perdónalas en la presencia de Dios mencionando el nombre de cada una. Si te resulta difícil puedes pedirle a un hermano de confianza o a un ministro que te ayude.

NOTAS

esfuérzate
y sé valiente

Todo lo puedo en Cristo

~23~

ROMPE EL YUGO DESIGUAL

"No os unáis en yugo desigual con los incrédulos."

2 Corintios 6:14

Siempre que Dios va a hacer algo, usa personas, y siempre que el diablo va a hacer algo, también usa personas. La gente a nuestro alrededor tiene un efecto impresionante en nosotros, y pueden ejercer influencia para bien o para mal en nuestra vida. 1 Corintios 15:33 nos advierte: "las malas conversaciones corrompen las buenas costumbres."

Conociendo la importancia de nuestras relaciones, la Palabra de Dios establece un principio claro que nos va a ayudar a tener éxito en nuestra vida: no unirnos en yugo desigual con los incrédulos. El yugo o yunta era un instrumento usado para unir dos bueyes con el objetivo de preparar la tierra para la siembra. Si en lugar de dos bueyes semejantes en tamaño y fuerza, se colocaban dos animales distintos, el arado era un fracaso. De igual forma, Dios nos advierte que no debemos hacer "yugo", es decir: no debemos unirnos en una relación de pacto con los incrédulos.

Recordemos que todos los que no son cristianos están bajo la esclavitud del príncipe de este mundo, mientras que los hijos de Dios han sido trasladados al reino de Cristo. Esto quiere decir que, aunque amamos a los que no son cristianos, les ayudamos, les aconsejamos y les anunciamos el Evangelio, ellos sirven a otro señor, y cumplirán los deseos de su señor si son instigados a ello.

El diablo siempre va a intentar destruir nuestra relación con Dios poniendo en nuestro camino a las personas incorrectas. El yugo desigual en el noviazgo y el matrimonio es una de las estrategias más antiguas para hacer caer a los cristianos de su comunión con Dios. Los amigos no cristianos también son usados como una fuerza para provocar que nos avergoncemos de nuestra fe y cedamos en nuestros principios.

Alguien que ha nacido de nuevo se siente mal cuando presencia conversaciones o actos que ofenden a Dios. Por el contrario, cuando estamos en relaciones íntimas con incrédulos y no nos importa pasar tiempo escuchándolos hablar de sus pecados o de la suciedad de este mundo, podemos decir que nos hemos vuelto tinieblas como ellos. Un cristiano que está en luz nunca se sentirá cómodo compartiendo con alguien que ama la oscuridad.

RETO

Lee 2 Corintios 6:14 al 7:1.

Piensa en tus relaciones y medita si alguno de los amigos, o incluso alguna persona en relación de noviazgo contigo, es un yugo desigual para ti. Estas preguntas te ayudarán:

1- ¿Tu relación con esta persona te acerca a Dios o te aleja de Él?
2- ¿Sus temas de conversación son cristianos o mundanos?
3- Cuando estás con esta persona ¿sus actos son santos o pecaminosos?

Pídele al Espíritu Santo que te ayude a romper el yugo con aquellos que están siendo instrumentos para alejarte de Dios. Termina toda relación que te conduce al mundo y al pecado y propón en tu corazón buscar nuevas relaciones en tu iglesia, que sean cristianos verdaderos.

NOTAS

esfuérzate
y sé valiente

Todo lo puedo en Cristo

~24~

CRECE EN ORACIÓN

"Orando en todo tiempo con toda oración y súplica en el Espíritu, y velando en ello con toda perseverancia."

Efesios 6:18

La actividad principal del cristiano es la oración. No porque sea un ritual religioso que debe cumplir cada día, sino porque orar es comunicarse con el Padre, tener compañerismo con el Creador, conocer a Dios y escuchar sus instrucciones. Sin oración no hay fe, no hay santidad, no hay cambio ni consagración. Un cristiano que no ora no tiene la más mínima posibilidad de vencer la tentación o de resistir cualquier ataque del enemigo.

Sin embargo, aunque todos conocen la importancia de la comunión con Dios a través de la oración, no todos consiguen orar de buena gana. Los mismos apóstoles de Jesús encontraron difícil permanecer orando una hora cuando acompañaban al maestro en el huerto de Getsemaní, antes de ser arrestado. El infierno teme a un cristiano que ora y hará todo lo posible para que desistamos de esta actividad divina. Distracciones, pereza, aburrimiento, culpa y un sinnúmero de pensamientos invadirán nuestra mente en el momento en el que decidimos orar.

Es necesario hacernos conscientes del efecto que produce en el mundo espiritual nuestra decisión de apartar un momento para estar a solas con Dios. Jesús aseguró que cuando entramos al "secreto", es decir, a un lugar privado de comunión con el Padre, Él nos ve y nos recompensa en público. Es decir: las lágrimas, peticiones, confesiones, acuerdos, todo lo que hacemos y determinamos en privado con Dios, verá su respuesta y manifestación en público. El Señor no dejará caer ninguna de nuestras oraciones al suelo.

Aunque al comienzo resulte difícil, aprender a disfrutar de la oración es un proceso. A medida que conocemos más a Dios, vamos a sentir una mayor necesidad de pasar más tiempo con Él. Si somos sinceros y perseverantes en nuestro anhelo por su presencia, comenzaremos a experimentar llenuras de su Espíritu que nos van a provocar más hambre de Él. La oración entonces se convertirá en nuestro lugar de deleite, un momento que no vamos a querer cambiar por nada en el mundo.

RETO

Escribe una lista de los obstáculos que experimentas en el momento de la oración.

Si estás en un grupo comparte con tus compañeros qué es lo que te más te impide orar y por qué. Si algún participante lo desea puede ofrecer consejos sobre cómo vencer esas dificultades.

NOTAS

esfuérzate
y sé valiente

Todo lo puedo en Cristo

~25~

LLÉNATE DEL ESPÍRITU

"No os embriaguéis con vino, en lo cual hay disolución; antes bien sed llenos del Espíritu."

Efesios 5:18

En el Antiguo Testamento se hablaba del Espíritu de Dios descendiendo sobre jueces, reyes, sacerdotes y profetas, pero nunca nadie había escuchado hablar de Él como una persona de la forma en que lo presentó Jesús. Antes de morir en la cruz, Jesús les dijo a sus discípulos que el Consolador, el Espíritu de verdad, realizaría obras como: convencer al mundo, enseñar, revelar, recordar y guiar a toda verdad. Incluso les llegó a decir que les convenía que Él se fuera, ya que de ese modo el Espíritu Santo vendría (Juan 16:7). Estas palabras nos dan una idea de cuán importante es la obra del Espíritu Santo en la salvación de las almas y el avance del Reino de Dios.

En la primera iglesia lo vemos bautizando con poder a los creyentes, infundiéndoles valor para predicar, instruyéndoles en lo que debían hacer y testificando junto con ellos a través de señales, prodigios y maravillas en medio del pueblo. Sin embargo, el Espíritu Santo ha sido muy malinterpretado por parte de sectores de la iglesia no entienden su manera de actuar en el cuerpo de Cristo. A causa de malas experiencias o a la falta de ellas, y principalmente por ignorancia, ha sido pasado por alto y entristecido una y otra vez.

El Espíritu Santo está activo en la vida de cada creyente que abre su corazón a Él. Jesús dijo que Él nos enseñaría y guiaría lo cual nos indica que su voz es permanente en nosotros. El Espíritu de Dios es la persona que nos lleva a tener encuentros sobrenaturales con Dios en oración, quien nos llena de gozo, de paz y de fe. Él es quien nos santifica, quien nos revela la voluntad de Dios, quien nos corrige cuando nos desviamos, quien nos llama suavemente a la oración.

Pablo nos advierte que no entristezcamos al Espíritu Santo con el cual hemos sido sellados, porque Él es quien siempre permanece a nuestro lado, el fiel amigo y tutor que nos presenta aprobados a Dios a través de su acción en nuestros corazones. Cuando somos llenos de su presencia experimentamos manifestaciones especiales que nos marcan para siempre. Lloramos, reímos, danzamos, escuchamos la voz de Dios, sentimos su poder en nuestro cuerpo, somos liberados de ataduras y crecemos en nuestro conocimiento de Jesús. Con el Espíritu Santo aprendemos quiénes somos en Cristo, y recibimos los dones y ministerios que Él ha preparado para nosotros.

RETO

Examina estos textos bíblicos y escribe qué se dice del Espíritu Santo en cada uno de ellos (ya sean acciones, títulos o cualidades). Pueden repartirse los textos si estás en un grupo.

Juan 14:26	Hechos 8:29,39	1 Corintios 3:16
Juan 15:26	Hechos 9:31	1 Corintios 6:19
Juan 16:7-8	Hechos 16:7	2 Corintios 3:17
Juan 16:13-14.	Romanos 1:4	Gálatas 4:6
Lucas 12:12	Romanos 8:14-16	Gálatas 5:22-23
Hechos 1:8	Romanos 8:26	Efesios 1:13
Hechos 2:17	1 Corintios 2:12	Efesios 4:30
Hechos 4:31	1 Corintios 2:10-11	1 Tesalonicenses 5:19

Comparte con tus compañeros alguna experiencia que hayas tenido con el Espíritu Santo (si sentiste su presencia en tu cuerpo, en tu espíritu, recibiste revelación de su Palabra o tuviste alguna manifestación de que Dios estaba haciendo algo en ti)

NOTAS

esfuérzate
y sé valiente

Todo lo puedo en Cristo

~26~

ACUÉRDATE DEL POBRE

"Solamente nos pidieron que nos acordásemos de los pobres, lo cual también procuré con diligencia hacer."

Gálatas 2:10

La compasión es una de las características principales de un hijo de Dios. Nuestro Padre Celestial es generoso por naturaleza, a tal punto que entregó a su propio Hijo para salvarnos. Por tanto Él espera que lo imitemos en su compasión y generosidad.

La Palabra de Dios nos exhorta continuamente a dar a los necesitados. El apóstol Juan establece un principio cuando dice: "Pero el que tiene bienes de este mundo y ve a su hermano tener necesidad, y cierra contra él su corazón, ¿cómo mora el amor de Dios en él? (1 Juan 3:17), queriéndonos decir con esto que ayudar a los necesitados manifiesta el amor de Dios en nosotros. Pablo nos añade que ayudar al pobre genera gratitud y gozo en quien recibe la ayuda y esas acciones de gracias suben a Dios (2 Corintios 9:12). Jesús enseñó que si ayudábamos a los pobres con corazón sincero, sin ánimo de ser vistos por los hombres, nuestra recompensa vendría del Padre. En Proverbios se nos enseña que tener misericordia del pobre es honrar a nuestro Hacedor (Proverbios 14:31), y que darles ayuda es como prestar a Dios (Proverbios 19:17). Santiago amonesta a los que alardeaban de una fe sin evidencias prácticas, diciéndoles que si negaban ayuda a un hermano en necesidad, entonces su fe estaba muerta (Santiago 2:14-17). Toda la Biblia testifica de cuán importante es a los ojos de Dios que su pueblo sea misericordioso con los que sufren necesidad.

Muchas veces pedimos a Dios en oración que nos dé oportunidades para agradarle. Una de las formas en que podemos manifestar nuestro amor hacia Él y hacia nuestro prójimo es extendiendo una mano de ayuda a los pobres, supliendo con parte de lo que tenemos la necesidad de los que tienen mucho menos que nosotros. Jesús dijo que cualquier bien que hiciéramos sería como hacérselo personalmente a Él. Nuestro Señor está en esas personas que no tienen qué comer o qué vestir o dónde vivir. Si pudiéramos verlo a Él en el rostro de los mendigos y abandonados, tuviéramos un corazón más dispuesto a hacer el bien.

RETO

Comparte algo de lo que tienes con alguien que esté pasando necesidad.

Si estás en un grupo pueden hacerlo individualmente o realizar una colecta para ayudar entre todos a alguien.

NOTAS

esfuérzate y sé valiente

Todo lo puedo en Cristo

~27~

ADORA CON ARTE

"Yo he llamado por nombre a Bezaleel (...) y lo he llenado del Espíritu de Dios, en sabiduría, en ciencia y en todo arte, para inventar diseños."

Éxodo 31:2-4

Después que el pueblo de Israel fue liberado de la esclavitud en Egipto, Dios instruyó a Moisés sobre cómo debían ser el tabernáculo de reunión y los objetos sagrados que tenía que colocar en su interior, incluyendo sus muebles, utensilios, cortinas y aún las vestiduras sacerdotales. Para la fabricación de todos estos elementos, el Espíritu de Dios ungió a un hombre llamado Bezaleel con un don artístico que le iba a permitir realizar este trabajo divino. También el rey David era compositor de salmos y músico. Incluso diseñó varios instrumentos musicales para ser usados en la adoración (1 Crónicas 23:5)

El arte procede de Dios y es santo o no en dependencia de cómo lo usemos. Estas habilidades forman parte de la vida humana y son una manifestación de la imagen de Dios en nosotros. Somos creativos porque nuestro Creador lo es. Aunque los talentos artísticos no son dones del Espíritu Santo, sino talentos naturales que reciben todos los seres humanos, ya sean creyentes o no, nosotros como cristianos podemos usarlos para comunicar nuestro amor a Dios. A través de la música, las artes plásticas, el cine, la literatura y diversos tipos de diseños, podemos expresar nuestra fe, realizar actos de adoración a Jesús y anunciar su mensaje al mundo.

A través de las redes sociales millones de creadores de contenido bombardean nuestros dispositivos intentando transmitir sus ideas y opiniones a través de diversas expresiones artísticas. Como iglesia debemos tomar un papel protagónico y no ceder territorio al enemigo. La creatividad que hemos recibido del Señor debe ser usada para destruir las obras del diablo y extender el reino de Dios. Como luz del mundo y sal de la tierra, tenemos el deber de anunciar con firmeza quién es Cristo y quiénes somos nosotros en Él a través de todos los medios que tengamos a nuestra disposición.

Si miramos atrás, veremos que Dios nos ha bendecido grandemente a través del arte. Los libros de la Biblia son un ejemplo del Espíritu Santo inspirando personas para comunicar su Palabra a través de la literatura. Las canciones que cantamos en nuestras iglesias y que tanto nos conectan con el Señor, no son más que devoción expresada en forma de música. Del mismo modo hemos sido impactados con películas, videos, libros, audios y numerosas obras de arte que el Espíritu de Dios ha usado como canales para tocar nuestras vidas. Dios siempre levanta portavoces de la verdad que saben cómo realizar diseños divinos para impactar a su generación.

RETO

Realiza algún diseño artístico que refleje tu amor a Dios o a tu prójimo. Puede ser en el área de la literatura, la música, la pintura, escultura, o cualquier otra manifestación artística.

NOTAS

esfuérzate
y sé valiente

Todo lo puedo en Cristo

~28~

PIENSA LO BUENO

"Por lo demás, hermanos, todo lo que es verdadero, todo lo honesto, todo lo justo, todo lo puro, todo lo amable, todo lo que es de buen nombre; si hay virtud alguna, si algo digno de alabanza, en esto pensad."

Filipenses 4:8

Como seres humanos en un mundo caído, tenemos la tendencia a inclinarnos hacia lo negativo. Esto se aplica a muchas áreas de la vida, especialmente en lo referente a la manera en que vemos a otras personas. Conocemos a gente con magníficas cualidades, pero nos enfocamos en sus defectos. Si alguien tiene una trayectoria intachable pero comete un error en algún punto del camino, recordamos esa caída para siempre. Un amigo nos ayuda en momentos difíciles, pero basta que nos falle una sola vez para olvidar todo el apoyo que nos ofreció antes. Nos enfocamos más en los errores, defectos y debilidades de los demás que en sus logros, virtudes y fortalezas.

Sin embargo, la Escritura nos invita a dirigir nuestros pensamientos hacia todo lo que es verdadero, honesto, justo, puro, amable, de buen nombre, hacia las virtudes o los actos dignos de alabanza. Si meditamos en cada una de estas palabras nos daremos cuenta que tenemos en ellas un filtro excelente para juzgar todos los pensmientos que nos vengan sobre otras personas. Cuando nos reunimos entre amigos y sentimos la tentación de realizar comentarios sobre otros, debemos cuestionar si nuestros pensamientos y palabras cumplen con este criterio expresado en la carta a los Filipenses.

Imagina cómo sería nuestra conversación si al sentir la tentación de hablar mal de alguien, pensáramos inmediatamente en alguna cualidad positiva de esa persona. Si al desear quejarnos por una mala acción de un hermano, recordáramos las veces que nos ayudó. Si en lugar de condenar a alguien por su pecado, pusiéramos nuestro enfoque en todo el tiempo que esa persona ha sido fiel a Dios.

El Espíritu de Dios reposa en corazones libres de murmuración, chisme y condena. El Padre observa a sus hijos con amor, dispuesto a restaurarlos cuando caen y a fortalecerlos en sus debilidades. Cuando Dios nos mira, él ve la imagen de su Hijo en nosotros y la nueva y poderosa identidad que Él nos ha dado. Miremos a nuestros hermanos de la misma manera.

RETO

Si estás en un grupo, organícense en forma de círculo y tomen un tiempo para pensar en las cualidades positivas que tiene la persona que está a su derecha. Luego escríbanlas en un papel y péguenselo en su espalda. Cuando todos lo hayan hecho, pueden sentarse y leer cada uno las palabras que les han escrito sus compañeros.

Si estás haciendo el desafío solo, en una conversación con algún hermano en la fe señálale las fortalezas o virtudes que ves en él o ella.

NOTAS

esfuérzate
y sé valiente

Todo lo puedo en Cristo

~29~

DESTRUYE EL ANATEMA

"No traerás cosa abominable a tu casa, para que no seas anatema; del todo la aborrecerás y la abominarás, porque es anatema"

Deuteronomio 7:26

Como hijos de Dios, debemos entender que vivimos en un mundo caído, dominado por fuerzas de la oscuridad que batallan contra la luz. Dios nos ha dado poder para vencer cualquier fuerza que se levante contra nosotros, pues "somos más que vencedores por medio de aquel que nos amó" (Romanos 8:37). Sin embargo la Palabra de Dios nos advierte que no debemos ignorar las maquinaciones del enemigo, sino estar alertas y vigilantes para resistir cualquier ataque contra nuestra vida. A través del profeta Oseas, el Señor declaró que su pueblo fue destruido porque le faltó conocimiento (Oseas 4:6). Esto nos enseña que la cautividad en el pueblo de Dios no se produce por falta de poder sino por ignorar la verdad.

En nuestro caminar, debemos evitar ser contaminados con las mentiras y engaños de este mundo. Una artimaña común del enemigo es infiltrarse en nuestra casa a través de objetos consagrados al mal, símbolos y prácticas que abren portales a la actividad demoníaca. Ejemplo de esto son los ídolos de diversas culturas, los amuletos de brujería y espiritismo, los juegos de invocación de espíritus, el material digital o físico pornográfico y de música profana. Todos estos artículos son "anatema".

La palabra anatema significa "maldito" y se refiere a cualquier objeto abominable a los ojos de Dios, ya que abre puertas a la actividad del enemigo en nuestra vida. En una ocasión en que el pueblo de Israel perdió una batalla, Dios reveló a Josué que había sido a causa del anatema en medio del campamento. Por causa del anatema sus enemigos los habían vencido, ya que la protección de Dios se había apartado (Josué 7:12). Dios les dijo que hasta que no destruyeran el anatema, no volvería a estar con ellos.

Lo mismo sucede con nosotros hoy. Introducimos a nuestras casas, (a veces inconscientemente), compramos o aceptamos objetos que han sido consagrados al mal o que son instrumento de pecado y luego deseamos que Dios nos bendiga. Sin embargo, mientras estos artículos estén entre nuestras pertenencias, serán detectados en el mundo espiritual como canales para destruir nuestras almas. Es necesario sacar todo lo que sea anatema de nuestras casas y de nuestras pertenencias para que la presencia de Dios nos limpie completamente.

RETO

Revisa tus pertenencias para analizar si tienes en tu poder algún objeto anatema. Algunos de ellos son:

1- Ídolos de religiones locales como tótems indígenas, vírgenes, pulseras consagradas, dioses de la mitología griega, afiches de artistas/actores/películas que son contrarios a Dios.

2- Prácticas o juegos de invocación de espíritus o adivinación tales como los horóscopos o zodíacos, la ouija, etc.

3- Símbolos del ocultimo, satanismo, religiones orientales e ideologías contrarias a la Palabra de Dios.

4- Archivos digitales de pornografía y música profana. Números de teléfono de personas que te conducen a la inmoralidad.

Destruye todo lo que sea anatema en tus pertenencias. Ora renunciando a cualquier influencia demoníaca y pídele al Espíritu Santo que llene tu vida con su luz, amor y verdad.

NOTAS

esfuérzate
y sé valiente

Todo lo puedo en Cristo

~30~

PREDICA EL EVANGELIO

"Id por todo el mundo y predicad el evangelio a toda criatura."

Marcos 16:15

¿Alguna vez has oído hablar de la Gran Comisión? Con este término nos referimos a la misión más importante que Jesús dejó a sus discípulos antes de ascender al Cielo. Predicar el Evangelio, es decir: anunciar lo que hizo Cristo en la cruz, lo que enseñó y la forma de recibir la salvación, es el principal enfoque de la iglesia cristiana.

Muchos creen, erróneamente, que la vida cristiana consiste en participar en actividades religiosas dentro de las cuatro paredes de un templo. Sin embargo, nuestros servicios no son solamente momentos de adoración comunitaria sino centros de entrenamiento para ser usados por Dios y llevar su Palabra a la gente que aún no lo conoce. La mayor muestra de amor que podemos expresar al mundo es compartir con los demás esta salvación inmensa que hemos recibido

Vivimos en un mundo donde la gente prefiere cerrar sus ojos y sus oídos a la verdad y crear sus propios caminos para llegar a Dios. Sin embargo, Jesús nos enseñó que solo hay un camino para llegar al Padre, este camino es la fe en Él y en su Palabra. Aquellos que no conocen a Dios y no han entregado sus vidas a Cristo están bajo la condenación del pecado y destinados a la muerte eterna. La única forma de evitar que estas personas vayan al infierno y sus almas se pierdan para siempre, es mostrarles la puerta por la cual pueden acceder al perdón y la gracia.

La iglesia de Cristo es la luz del mundo porque es portadora del mensaje de salvación y la presencia del Espíritu Santo. No hay ninguna institución, movimiento social, religión, práctica espiritual o concepto humanista que pueda salvar. Solo la fe genuina en Cristo como el Hijo de Dios que fue entregado por nosotros, expresada en la obediencia a sus mandamientos, puede permitirnos acceder al favor del Padre y a la herencia de la salvación. Pero las preguntas que Pablo hacía a la iglesia en Romanos 10:14 son aplicables a nosotros: "¿Cómo, pues, invocarán a aquel en el cual no han creído? ¿Y cómo creerán en aquel de quien no han oído? ¿Y cómo oirán sin haber quien les predique?"

No todos recibimos el ser evangelistas como un ministerio a tiempo completo, pero todos tenemos el deber de compartir de Cristo con las personas que nos rodean. No es necesario excelencia de palabras o mucha experiencia para hacerlo; basta con compartir con otros lo que Dios ha hecho en nuestra vida.

RETO

Decide predicarle el mensaje de Jesús a alguien que conozcas. Alcanzarás un nuevo nivel en tu madurez e identidad como cristiano en el momento en que te conviertes en un instrumento de salvación.

NOTAS

esfuérzate
y sé valiente

Todo lo puedo en Cristo

PREGUNTAS FINALES

(Ayuda a la autora de este desafío a valorar el alcance y efecto de este material, respondiendo estas 10 preguntas de evaluación)

1. ¿Hiciste este desafío solo o en grupo?

2. ¿Cuál fue el reto más fácil?

3. ¿Cuál fue el reto más difícil?

4. ¿Cuál fue el reto que más te gustó?

5. ¿Cuál fue el reto que menos te gustó?

6. ¿Este desafío te permitió hacer algo que nunca habías hecho? Si es así, ¿qué?

7. ¿Algunas de estas actividades te permitieron conocer mejor a tus compañeros? Si es así, enumera cuáles.

8. ¿Algunas de estas actividades te permitieron acercarte más a Dios? Si es así, enumera cuáles.

9. ¿Crees que algunas de estas actividades pudieran mejorarse? ¿Cuáles y cómo?

10. ¿Si pudiera añadir algún reto, cuál sería?

Por favor, te agradecería mucho si tomaras una foto de esta página con tus respuestas y la enviaras al siguiente correo: lpmirabal88@gmail.com

¡FELICIDADES POR HABER COMPLETADO EL DESAFÍO!

J

Made in the USA
Middletown, DE
12 August 2024

59016381R00073